Alfred Hagelstange

Die sociale Lage des süddeutschen Bauernstandes im Mittelalter

Alfred Hagelstange

Die sociale Lage des süddeutschen Bauernstandes im Mittelalter

ISBN/EAN: 9783743488991

Hergestellt in Europa, USA, Kanada, Australien, Japan

Cover: Foto ©Suzi / pixelio.de

Manufactured and distributed by brebook publishing software (www.brebook.com)

Alfred Hagelstange

Die sociale Lage des süddeutschen Bauernstandes im Mittelalter

Die sociale Lage

des

süddeutschen Bauernstandes im Mittelalter.

Inaugural-Dissertation

zur

Erlangung der Doctorwürde

einer

hohen philosophischen Facultät

der

UNIVERSITÄT GÖTTINGEN

vorgelegt von

Alfred Hagelstange

aus Erfurt.

Druck von G. A. Brodmann.

Termin der mündlichen Prüfung: **1. März 1897.**
Referent: Herr **Prof. Dr. M. Heyne.**

Meinen lieben Eltern!

So verschiedenartig und so zahlreich auch die Formen sind, unter denen uns im Mittelalter die süddeutschen Bauern entgegentreten, so können wir doch die Mehrzahl derselben unter zwei Kategorien unterbringen: die zwar persönlich freien, aber dinglich belasteten, und die in strengerer oder gemilderter Leibeigenschaft stehenden. Streng geschlossen war dabei keine Klasse gegen die andere. In den mannigfachsten Abstufungen sassen in Süddeutschland alle möglichen Gattungen von Bauern neben einander. Dem Adel waren sie einer wie der andere „gebûren", von denen man sich möglichst abschloss, wenn man sie nicht brauchte. Dieser Zustand tritt uns deutlich vor Augen in der ironischen Schilderung Wolframs, wonach der Bauer, dem sich das Naturkind Parzival angeschlossen hat, nicht in die Nähe von König Artus' Hof kommen darf.[1])

Zwei Punkte waren es im Mittelalter vor allen Dingen, die ihren nivellierenden Einfluss auf die sociale Stellung der Bauern geltend machten, nämlich einesteils die Unterdrückung durch den Adel und

---

[1]) Vgl. Gothein, Lage des Bauernstandes am Ende des Mittelalters; in der westd. Ztsch. für Geschichte und Kunst IV. 2.

anderenteils die Verachtung von Seiten der Bürger. Diese traurigen Verhältnisse hatten in früherer Zeit allerdings nicht bestanden, sondern waren erst die Folge schweren Ringens und vergeblichen Kampfes. Gestützt auf seine specifisch mittelalterliche, naturwirtschaftliche Bildung von geistig und social festen Umrissen hatte der Parier Deutschlands allen widerstrebenden Elementen die Stirn geboten. Er wusste, dass er ein wichtiger Factor im Staatsleben war und deshalb hatte er den Kampf gegen den Adel bis aufs Messer geführt. Dass er hierbei unterlag, war natürlich, denn, während die übrigen Stände in Kasten vereinigt waren, besass er allein kein Zunftsystem, welches ihm eine gemeinschaftliche Durchführung aller Forderungen, die in seinem Interesse lagen, ermöglicht hätte. So hatten sich seine Kräfte zersplittert und im Grossen und Ganzen war die Sache des Bauernstandes bald verloren gewesen. In Oberbayern, in der schwäbischen Alp, in den Erzherzogtümern und in einigen Teilen von Kärnthen und Steiermark allerdings hatte der Kampf mancherorts einen glücklicheren Ausgang gehabt. Hier, wo die Kraft des Ackerbauers durch eine rauhe Natur gestählt und sein Geist durch den Kampf gegen die Elemente lebendig erhalten war, hatten sich viele Bauerngemeinden die alten Freiheiten und Rechte gewahrt, die ihre Väter ihnen als heiliges Erbgut hinterlassen.[1]) Sie bildeten den letzten Rest der altgermanischen freien Ackerbevölkerung. Mit einer den städtischen Gerechtsamen nahe kommenden freien Verfassung ausgestattet, waren diese Gemeinden

---

[1]) Vgl. die bei Sugenheim, Geschichte der Aufhebung der Leibeigenschaft und Hörigkeit in Europa 359, Note 2 citierten Belegstellen.

keinem Grundherrn unterthan, sondern ordneten ihre inneren Angelegenheiten selbst und standen nur dem Kaiser oder König und dessen Vertretern gegenüber in gewissem Abhängigkeitsverhältnisse. Für die Besitzer dieser durchaus freien Güter existierten die Lasten, welche auf den Schultern der übrigen Bauern lagen, nicht.[1]) Infolgedessen standen sie sich nicht nur materiell äusserst günstig, sondern diese Unabhängigkeit wirkte auch auf psychologischem Wege moralisch ein: der Bauer wusste, dass er ein selbständiger Mann war, der, auf eigenen Füssen stehend, nach keines Herrn Gunst oder Missgunst zu fragen brauchte. Der Adel der Geburt galt ihm nichts, in viel höherem Ansehn stand bei ihm der Adel der Gesinnung:

„guot zuht ist sicherlîche
ein krône ob aller edelkeit."[2])

Hoch trug er den Kopf, sicher und selbstbewusst trat er auf, und in seiner ganzen Lebensart lag keine Spur von jener Indolenz und Stumpfheit, welche erst eine lange Unterdrückung hervorbringt. Auf eigenem Boden sitzend und das Eigentum hochhaltend bewegte er sich frei in seiner Wirtschaft, und da er weniger nach aussen gezogen und mehr der eigenen Verantwortlichkeit überlassen war, verwandte er seine ganze Sorgfalt auf die Erhaltung und Verbesserung seines Eigentums und wirtschaftlichen Betriebes. Sein Gut

---

[1]) Hartmann v. Aue, der arme Heinrich, vers 269 ff:
„das was ein frier bûman
der vil selten ie gewan
dehein grôz ungemach
das andern gebûren doch geschach."
[2]) Meier Helmbrecht 485—506.

ging ihm über alles, und jede Arbeit, die sich auf dasselbe bezog, that er gern und freudig, da er wusste, dass die Früchte dieser Thätigkeit keinem anderen als ihm selbst zu Gute kamen. Stolz auf seine Beschäftigung und seinen Stand liess er sich im Volksliede vernehmen:

„der ritter sprach: „ich pins geborn
von art ein edel chunnne."

der paumann sprach, „ich pau das chorn,
das dünkt mich besser wunne;
dein adel macht du nicht lang verhügen
wär ich nicht ackermann,
ich ner dich mit des pfluges zügen
wer mir des hailes gan."
„umb dein hofieren gib ich nit
als chlain als umb ein vesen
ich han des paurechts ainen sit
das dunkt mich pesser wesen;
was hilft dein stechen und dein tanz?
darin ich chain gut spür:
mein herte arbeit die ist ganz
und tregt die welt pass für."[1])

Diese freien Bauern waren das beharrende, conservative Element, das namentlich auch durch den Grundsatz der Unteilbarkeit des Guthofes für die weitere Erhaltung eines kräftigen, machtvollen Bauernstandes Sorge trug. Auf diese Weise erhielt sich eine beträchtliche Anzahl dieser völlig freien Güter das ganze Mittelalter hindurch; ein anderer, weit grösserer Teil derselben machte jedoch wesentliche Wandlungen

---

[1]) Bei Uhland, alte hoch- und niederdeutsche Volkslieder I, 337.

durch. Durch Misswirtschaft ihrer Besitzer waren manche dieser Bauerngüter bald so heruntergekommen, dass der wirtschaftliche Ertrag derselben nicht mehr zum Unterhalt ausreichte. Infolgedessen waren die Eigentümer vor eine Wahl gestellt, bei der die Entscheidung in der Regel nach jener Seite hin fiel, die ihnen Sicherheit des Lebens und seiner Genüsse bot, wenn darunter auch das stolze Bewusstsein verloren ging, ein freier, unabhängiger Mann zu sein.[1]) So thaten deshalb die bisher „freien landsässen"[2]) unbewusst den ersten Schritt zu ihrer später mehr und mehr um sich greifenden Unterdrückung; sie erwarben sich nämlich von den brachliegenden Grundstücken der geistlichen und weltlichen Grossen, die für Besitzer und Staat ein totes Kapital waren, einige Felder als Eigentum, oder brachten doch wenigstens den Besitz und die Nutzung derselben vertragsmässig an sich. Hierfür hatten sie den betreffenden Grundherrn ökonomische Dienste und gewisse Naturalgaben als Quoten ihres Ertrages zu leisten, waren aber im übrigen noch im Besitz ihrer persönlichen Freiheit, wenn sie auch nicht mehr wie früher zu jenem Geschlecht der „langgelockten freien Kerle"[3]) gehörten, für die es keine höhere Autorität gab, als das eigene Ich, und denen der persönliche innere Wert der höchste Massstab jedes Thun und Handelns war.

Man hatte sich einmal auf die abschüssige Bahn eines Abhängigkeitsverhältnisses begeben, das Rad war ins Rollen gekommen, und es lief, wenn auch langsam,

---

[1]) Inama-Sternegg, deutsche Wirtschaftsgeschichte I, 243 f.
[2]) Schwabenspiegel cap. 49.
[3]) G imm, deutsche Rechtsaltertümer. Göttingen 1854. S. 282 f.

so doch unaufhaltbar vorwärts. Während nämlich die Bauern, denen die Nutzung wüster Felder überlassen war, anfangs zu ihrer Grundherrschaft in einem blossen Colonatsverhältnisse standen, keine Muntmannen derselben, mithin keineswegs hörig waren, gelangte später eine beträchtliche Anzahl dieser kleineren freien Landsassen allmählich auf verschiedene Art und Weise aus dem Zustand der bürgerlichen Selbständigkeit in den der Unterwürfigkeit, Dienstbarkeit und Muntschaft. Die von keinem grossen Trieb mehr getragene Wirtschaftsgemeinde der Einzelansiedelung widerstand dem egoistischen Drängen der geistlichen und weltlichen Grossen nicht mehr lange. Der Grundherr, welcher Grundhörige im Dorfe besass, übervorteilte durch dieselben die schwache Zahl der selbständigen Dorfgenossen und schraubte seine Ansprüche allmählich so hoch, dass dem Colonen schliesslich nichts anders übrig blieb, als seine Freiheit aufzugeben und sich der Muntschaft jenes zu unterstellen. Er wählte das kleinere Übel der Minderung persönlicher Freiheit, um dem grösseren Übel der Verarmung zu entgehen, das diejenigen bedrohte, welche den ungleichen Kampf mit der ökonomischen Überlegenheit und amtlichen Gewalt der Grundherrn aufnahmen. Ein anderer Teil der Freisassen geriet infolge der Benutzung der Weiden irgend eines grossen Grundbesitzers in den Zustand der Hörigkeit. Im Falle, dass die betreffenden nämlich selbst keine Wiesen und Hütungen besassen, wurde ihnen gegen gewisse Naturalleistungen die Benutzung der herrschaftlichen gestattet. Doch blieb man bei diesen Naturaldiensten in der Regel nicht stehen, sondern die Selbstsucht veranlasste Fürsten und Grafen, auch bei dieser Gelegenheit freie Colonen zur Anerkennung des Systems der Grundherrlichkeit zu zwingen und unter ihre Gerichtsbarkeit zu ziehen.¹) Noch andere gerieten infolge der unaufhörlichen Kriege und Fehden, die das Land durchtobten,²) in dieses Abhängigkeitsverhältnis. Da sie nämlich meistens selbst zu schwach waren, um sich vor Überfällen u. dgl. zu wahren, so suchten sie in der Regel den Schutz eines Mächtigen gegen einen anderen zu gewinnen und mussten sich dann auch wohl oder übel den Wünschen dieses sogenannten Beschützers fügen.

Auch von der Wehrpflicht gingen auf die Verteilung des Grundbesitzes und die persönlichen Verhältnisse der kleinen Freien zu den Grundherrn tiefgreifende Wirkungen aus. Da nämlich den Grafen und Senioren Heerbanngewalt eingeräumt war, so lag es in ihrer Hand, den einzelnen zu Hause zu lassen oder in den Krieg zu schicken, je nach Gunst und Laune.³) Wer daher auf seinen Vorteil bedacht war, der suchte die Gunst dieser Mächtigen zu gewinnen; und dies geschah am sichersten durch Ergebung in ihren persönlichen Dienst und durch Übertragung des Grundbesitzes an jene. Wie wenig Wert überhaupt allmählich auf die Vollfreiheit gelegt wurde, und in wie hervorragendem Masse schon andere, besonders rein ökonomische Interessen bei den meisten Grundbesitzern in den Vordergrund traten, ersehen wir ferner daraus, dass viele von ihnen, um sich besser arrondieren zu können, um Geld und Pferde zu einer Reise

---

¹) Vgl. Hüllmann, Geschichte des Ursprungs der Stände in Deutschland II, 320 ff.

²) Vgl. Giesebrecht, Kaisergeschichte I, 169 ff.

³) Vgl. hierüber Inama-Sternegg, deutsche Wirtschaftsgeschichte I, 249, Note 3.

zu bekommen¹) etc., ihren Besitz ganz oder doch teilweise aufgaben.

Zu Gunsten der Tradition eines Gutes und der persönlichen Übergabe in den Dienst der kirchlichen Grundherrschaft wirkte eine Menge besonderer Umstände mit, deren Hauptpunkte in der überaus grossen Autorität der Kirche begründet waren. Ausser der Rücksicht auf die wachsende politische Macht derselben und der wohlberechtigten Anerkennung der geordneten friedlichen Verhältnisse, welche das Bild der kirchlichen Wirtschaft darbot, waren es vor allem auch religiöse Motive, die bei diesem Punkte schwer mit ins Gewicht fielen. Man glaubte eben durch die Übergabe seines Eigentums ein Gott wohlgefälliges Werk zu thun und hoffte dadurch Nachlass der Sündenstrafen und das ewige Heil zu erlangen.

In späterer Zeit waren es namentlich die Kreuzzüge, welche die Einführung Freier in den Verband der geistlichen Grundherrschaft befördert haben. Dem von ihnen aus ausgehenden Banne religiöser Begeisterung und ritterlicher Schwärmerei entzog sich auch der kleine Freie nicht,²) und gab, so schwer es ihm auch fallen mochte, dem Heerbann zu folgen, freudig dafür sein Gut, seine zurückbleibende Familie, als den letzten Einsatz, den er hatte, in den Dienst der Kirche. Vielfach ist auf diese Weise freies Gut in dienendes verwandelt worden, und die Zahl der Freien verminderte sich durch die wirtschaftlichen Consequenzen, welche die Kriege für die Kreuzfahrer hatten, die nicht stark

---

¹) Trad. Wissenb. 808 No. 19, 789 No. 11.

²) Vgl. Inama-Sternegg, deutsche Wirtschaftsgeschichte II, 48.

genug waren, sich die Opfer einer solchen Fahrt ohne fremde Hilfe aufzuerlegen.[1])

Waren alle bisher erwähnten Übertritte in den Dienst der Grundherrschaft mehr oder weniger freiwillig gewesen, so müssen wir nunmehr noch eine gewissermassen als Strafe festgesetzte Entziehung der Freiheit erwägen. Diese war die Folge von verabsäumten Diensten und nicht entrichteten Zinsen.[2]) Beide drückten ziemlich hart auf den kleinen Grundbesitzer und erschwerten ihm seine Wirtschaft und Selbständigkeit sehr. Infolge davon kamen häufige Zahlungsverweigerungen vor, und in vielen Fällen liess man das Land lieber ganz unbebaut, dessen Früchte ja doch nur zum Teil der eigenen Wirtschaft zu Gute gekommen wären.[3])

Auf diesen Wegen, mit diesen Mitteln verzog sich jene Verschiebung der Stände, die in der ganzen Folgezeit entscheidend für die socialen Zustände Deutschlands geworden ist. Die ehemals freien Bauern, die Träger jener erobernden Gewalt der deutschen Heere, vor der die Welt gezittert hatte, waren aus unmittelbaren Unterthanen des Königs zu Dienern eines ehemaligen Genossen, aus freien, ganzen, selbständigen Männern zu Bevormundeten, aus Gliedern einer autonomen Gerichts- und Markgemeinde zu Elementen eines grossen, fremdem Interesse dienenden wirtschaft-

---

[1]) Lamprecht, Wirtschaftsleben I, 638.

[2]) „si quis censualis, dum ad idoneam etatem peruenerit, annuum censum persoluere neglexerit, tertio obiurgatus, si non emendauerit, in proparietatem ecclesie transibit;“ aus dem Evangelienbuch des ehemaligen Klosters Weingarten (nördlich von Durlach); bei Grimm, Weistümer, IV, 519, 2.

[3]) Vgl. die bei Inama-Sternegg, deutsche Wirtschaftsgeschichte I, 252 Note 5 und 6 angeführten Belege.

lichen Organismus geworden. Während ihre Väter noch freie Germanen, gleichberechtigte Stammesgenossen der Vorfahren ihrer jetzigen Herren gewesen waren, hatten sie, die Epigonen auch den letzten Schimmer früherer Freiheit, Kraft und Stärke eingebüsst. Sie sassen zwar noch auf der Scholle, die getränkt war vom Schweiss ihrer Ahnen; aber diese Scholle war nicht mehr ihr Eigentum, sie gehörte einem Fremden, dem sie noch dankbar sein mussten, wenn er ihnen gestattete, das Land ihrer Väter für ihn zu bebauen.

Eine allmähliche Folge der Commendation und Schutzhörigkeit, der Uebernahme von Benefizien und Zinsgütern, war in vielen Fällen sogar Ergebung in die schwerere Form der Abhängigkeit, in die Leibeigenschaft. Die in diesem Unterthanenverhältnis stehenden Bauern (Innleuth) waren ihrer Gutsherrschaft streng unterwürfig und standen unter deren völliger Muntschaft. Sie machten einen beträchtlichen Teil des Gesindes auf den Oekonomiehöfen aus und waren sehr oft Tagelöhner, von denen einige, und das waren in der Regel unverheiratete, innerhalb des Gehöftes selbst wohnten, andere kleine Haushaltungen ausserhalb desselben hatten; jedoch waren dies nur Ländereien, welche ihnen zum Anbau übergeben waren (mansi serviles), denn irgend welches Eigentum besassen sie überhaupt nicht: „attamen in specie et proprie loquendo incolae et hindersassii sunt inquilini qui in hoffmarchiis et pagis domicilium quidem habent ibique manibus et labore suo vivunt, proprietatis tamen saltem in immobilibus regulariter habent nihil ac solo habitationis jure fruuntur."[1])

---

[1]) Chlingensperg, von der Hoffmarchs-Herrn nider Gerichtsbahrkeit, 80.

Diesen Leibeigenen, denen schon von der Wiege an jeder feste Boden unter den Füssen fehlte, muss es zu Anfang des Mittelalters oft herzlich schlecht gegangen sein. Die Herren, die keinen Anteil hatten an Pflichten, die über die Ich-Sphäre hinausgehen, hatten diese, ihre Untergebenen, allmählich so geknechtet, dass eine ungeheuer grosse Anzahl derselben sich entschloss, das drückende Joch durch Auswanderung von sich zu werfen. Von den Wogen des Massenelends getragen, verliessen hunderte von Bauernfamilien Haus und Hof und wanderten am Bettelstabe aus: „exactores loca nostra praedonum vice circumeuntes, placitis justis et injustis, petitionibus, minis, postremo invasionibus ad ultimam homines nostros pauperiem redegerunt et exire de patria' coegerunt."[1] Weit thaten sich die Thore aller Städte auf und luden die Landleute ein, sich unter einander, den Mächtigeren gegenüber, zum Schutz und Trutz für die Erhaltung ihrer Rechte zu verbinden. Es waren kräftige, unternehmende und erfolgwürdige Elemente, die jahrelang dem unbekannten Glück städtischer Entwickelung zuzogen. Dort winkte ihnen eine Menge materieller Vorteile und vor allen Dingen der sehr bald zum festen Gewohnheitsrecht gewordene Grundsatz: „Stadtluft macht frei." Für die Verbesserung des Looses der bedrückten Bauern waren diese Züge nach den Städten höchst vorteilhaft wirkende Ereignisse, deren Folgen sich nicht nur über die Leibeigenen, sondern überhaupt über alle mit Dienstleistungen und Abgaben belasteten Landleute erstreckten.

---

[1] Henrici IV. dipl. a. 1102.

Auch die Kreuzzüge und viele Missjahre ¹) waren Momente, deren Nachwirkungen einen guten Teil zur Hebung der allgemeinen Lage der Bedrängten mit beitrugen. Während erstere das Land allerdings von einer Masse arbeitsscheuer, besitzloser Elemente säuberten, entzogen sie den Landgütern jedoch auch einen grossen Teil guter, tüchtiger Arbeiter, in deren Bestand schon ohnehin eine grosse Lücke gerissen war. und die noch erweitert wurde durch die vielen unfruchtbaren Jahre, in denen der Hungertod die armen Leute hinwegmähte, wie der Novemberfrost die Fliegen. ²) Um nun wieder Ersatz für den bedeutenden Abgang so vieler für den Ackerbau unentbehrlicher Hände zu bekommen, mussten sich die Herrn wohl oder übel zu nicht unbedeutenden Erleichterungen verstehen, und wer sich früher nicht durch Humanität hatte bewegen lassen, die Lasten seiner Arbeiter freiwillig zu ermässigen, der musste dies jetzt unter dem Druck der Verhältnisse thun.

Und so geschah es denn, dass während des zwölften und dreizehnten Jahrhunderts inbezug auf die dienende Klasse der Landleute eine grosse Veränderung vor sich ging. Man gab zuerst einen bedeutenden Teil leibeigener Leute frei³) und milderte dann das Loos der

---

¹) vgl. die bei Langethal, Geschichte der teutschen Landwirtschaft II 367 f. als Beleg angeführten Thatsachen.

²) wie verödet aus diesen Ursachen manche Güter waren, sagt eine Urkunde in den Antiqu. Mitteil. v. Zürich VIII, 172 „propter quod predia nostra mansernnt inculta" etc.

³) ein Beispiel einer darauf bezüglichen Urkunde von 1383 finden wir abgedruckt bei Kindlinger, Geschichte der deutschen Hörigkeit 403:

„Pateat evidenter, quod ego Godfridus de Hovele seu de Stockhem, famulus, Waltherum filium vidue de Langen de

übrigen derartig, dass man sagen kann: es war im allgemeinen recht wohl erträglich. Vom Beginn des dreizehnten Jahrhunderts an erblicken wir die Lage der Bauernschaft thatsächlich in steter Besserung. Die grosse Masse der deutschen Agriculturbevölkerung stellt sich uns in dieser Zeit — und das währte bis in das letzte Drittel des fünfzehnten Jahrhunderts hinein — als Erbpächter dar, die zwar in gar mannigfachen Abstufungen gutshörig[1]) waren, aber doch ein anerkanntes Recht (Gewere) an dem von ihnen angebauten Grund und Boden besassen. Man hatte ihnen Grundeigentum zur Bebauung und Nutzniessung übergeben, wofür sie bestimmte Pachtquoten zahlten und nur genau bemessene, nicht eben drückende Dienste und Abgaben zu leisten hatten; eine Thatsache, die sich nicht verkennen lässt, wenn man einen Blick thut in die Weistümer und Hofrechte jener Zeit, die die Rechte und Pflichten sowohl der Grundherren als der Dorfinsassen genau festlegten, und, namentlich in Süddeutschland, sich durch überraschende Milde und Humanität auszeichneten.

Das Verhältnis dieser Erbpächter zu ihrem Gutsherrn war ein in jeder Beziehung geregeltes. Wenn man einem Bauern ein Gut in Pacht gab, so wurde diese Übergabe meistens symbolisch dadurch bewerkstelligt, dass der Fronbote einen Span aus dem Thürpfosten hieb und dem neuen Besitzer einhändigte.[2])

---

consensu Margarethe uxoris mee, cum ad officium de Stockhem, mihi et heredibus meis subjectum, servitutis jugo idem Waltherus pertineret, quitum et liberum reliqui."

[1]) die meisten „frymänner", die wir in den Weistümern erwähnt finden, sind mehr oder weniger hörige Leute.

[2]) Grimm, deutsche Rechtsaltertümer 174.

War auf diese Weise das Besitztum von der Herrschaft regelrecht angeboten, so war der Belehnte verpflichtet, dasselbe anzunehmen.¹) War dieses geschehen, so hatte er den sogenannten „hantlôn" zu zahlen und war dann rechtmässiger Besitzer des Grundstückes. Seine Hauptaufgabe war, das in Pacht genommene Land ordentlich in Stand zu halten und regelrecht auszunutzen, sodass kein Acker desselben unbebaut liegen blieb. Diese Hauptforderung stellten die Grundherrn einmal des Gutes selbst wegen, dann aber auch aus dem Grunde, damit die beliehenen Zinsbauern durch eine zweckmässige Bewirtschaftung ihrer Güter in den Stand gesetzt sein sollten, den Verpflichtungen, die ihnen oblagen, immer nachzukommen und die fälligen Zinsen, Abgaben etc. pünktlich entrichten zu können. Dass die Pächter natürlich alles thaten, um die Ertragsfähigkeit ihres Besitztums zu heben und zu fördern, ist selbstverständlich, denn infolge der erblichen Verleihung des Bodens hatten sie an der Verbesserung ihres Gutes gemeinlich kein geringeres Interesse als ein vollberechtigter Eigentümer. Geschah die Bebauung des Grund und Bodens dennoch nicht in ausreichender und vorgeschriebener Weise, so konnte der Lehnsherr dem nachlässigen Besitzer das Gut einfach entziehen und es anderwärts ausleihen: „wer es aber, das imant zumal hinder sich seze und nit buwen wolt in der masz als vorgeschrieben stet, des gut mag der amptman ufheben in mins hern von Menz hand und die bestellen nach mins hern nutz."²) Lag ein derartiger Grund jedoch nicht vor, so durfte der

---

¹) Vgl. ein Weistum von St. Blasien im Schwarzwald 1381; bei Grimm, Weistümer IV, 491.
²) Weistum von Burgstadt 1488; bei Grimm VI, 16,5.

Hofherr dem Erbpächter das Gut nicht willkürlich nehmen.

Dasselbe gilt auch von den Winnerben, Herrengunst-, Herrengnad-, Freistift-, Neustift-, Landsiedel-, Schupflehen und ähnlichen Gütern, welche nicht vererbt werden konnten, sondern nur auf eine bestimmte Anzahl von Jahren oder auch solange, als der Grundherr am Leben blieb, gewissen Ackerbauern übergeben waren. Auch diese nahm man, wenn die Pachtzeit vorüber war, den damit Beliehenen nicht weg, sondern überliess sie ihnen meistens von neuem: „wer landsiedelgut jemand geliehen hette zu landsiedelrechten, der soll den nicht vertreiben umb eines liebern landsiedels oder höhern pfachts willen."[1]) Andererseits durften jedoch auch die grundhörigen Pächter ohne Erlaubnis ihrer Herrn ein Lehen, welches sie inne hatten, keinem anderen auf dem Wege des Verkaufes oder des Tausches übertragen. Darauf bezieht sich folgende Stelle eines Eslebener Weistums vom Jahre 1400: „item keiner der hubener sal keine der herrn gute verkeufen ân der herrn verhengnisse." Wurden die Lehen geteilt, was auch öfters vorkam, so wurden auch die Lasten, welche vorher auf dem ganzen Gute lagen, auf jeden einzelnen Teil übertragen: „welich gut ein fastnachthun gibt so das geteilt wirt, sol igklichs teil ein fastnachthun geben, so es aber wieder zusammen keme, solt es bei einem pleiben."[2])

Wollte der Inhaber von hofhörigen Gütern sein Hofgut aufgeben und sich unter einer fremden Herrschaft niederlassen, so musste der „landtreumige" die

---

[1]) Altenhaslauer, Gerichtsspruch von 1461; bei Grimm Weistümer III, 417, 22.

[2]) Altfelder Weistum 1473. Grimm VI, 39, 5.

Erlaubnis seiner Grundherrschaft einholen, seine Verpflichtungen begleichen,[1]) die Absicht, auswandern zu wollen, öffentlich bekannt machen[2]) und sodann „zu schonen mittagh"[3]) d. h. nicht heimlich vom Hofe wegziehen. In dem Flecken Morchingen „sol er gan zu dem creutz der freiheit mittes dem meier vnd gericht vnd sol sprechende offentlich, ir heren got gesegen euch, ich wil enwegk, so sal das gericht drey werbe ruffen vnd den mit namen nennen. der wil enwegk, vnd wer es das in nieman anspreche vor scholt vor borgschafft oder von anderen stücken. er sol belieben bis das er sich davone entschleit als der scheffen vrtheilt. vnd mittes das so mocht er mit schenem tag dannen scheiden, vnd sin gut mit im furen."[4]) War dann allen Vorbedingungen Genüge geleistet, so wurde die „Abfahrt" gestattet. Der Auswandernde musste, wie sich die meisten darauf bezüglichen Weistümer ausdrücken „ain blunder uffladen und die tiechsel keren hinwertz, in welche richs statt oder richshof er dann ziechen wil und sol denn von mengklichen an dem zug ungesumpt sin."[5])

In manchen Fällen musste man den Wegziehenden nicht nur ungehindert fahren lassen, sondern war auch noch verpflichtet, ihm beim Abzug behülflich zu sein und das Geleit zu geben. So lesen wir z. B. in einem Weistum von Selrich: „Item wannehe einer ausser dem hoff raumen wurdt hinder andere herrn, vnd sein haus-

---

[1]) Grimm, I, 219, 225, 637. II, 68. 259, 559. IV. 281, 2. V, 176, 11.
[2]) Grimm, II, 559.
[3]) Grimm, II, 558.
[4]) Bei Maurer, Geschichte der Fronhöfe III, 135.
[5]) Grimm I, 219, 225 V, 176, 11.

wohnung setzen vff vier scheiffen, vnd pleibt in dem wegh halten, vnd v. g. h. begegnet demselbigen, soll er dem mit seinen dienern helffen, das derselbigen ausser dem landt kehme."[1]) Ganz ähnlichen Inhalts ist eine Stelle im Landrecht des Hofes Pronzfeld vom Jahre 1476, die folgendermassen lautet: „vnd were sach, das der her, da he hinder gesessen were, zuqueme, vnd der man verladen were oder anders idt gebrech, der her sal seinen knecht aff doen staen, dem man vort zu helfen, vnd dat vmb seines getruwen thiensts willen, he him gethan het, vff dass he sich do bass behelffen moge."[2])

Mancherorts war es den ehemaligen Inhabern von Colonatsgütern gestattet, jederzeit auf ihr verlassenes Gut zurückzukehren. So musste nach einem Weistum von Dornheim 1417 der herrschaftliche Vogt der Abtei Alpirsbach, der den Auswandernden das Geleite gab, dieselben auf folgende Weise noch ausdrücklich zur Rückkehr einladen: „var an gottes namen, vnd kom herwider, so du mahst oder es dir wol fügt, so went wir dir gütlich tuon denne wir ie getaten."[3]) Wenn in diesem Falle die Heimkehr der Ausgewanderten auch ohne jede Entschädigung stattfinden konnte, so war dies jedoch nicht die Regel; vielmehr mussten die Pächter, die ausser Landes gezogen waren, bei ihrer Rückkunft meistens erst eine bestimmte Abgabe zahlen, wenn sie in ihre frühere Stellung wieder eingesetzt werden wollten. So mussten sie nach dem Greggehofer Hofrecht „ainen hut vollen pfenninge" ab-

---

[1]) Grimm, II, 548.
[2]) Grimm, II, 558. Weitere Belegstellen bei Grimm, II 68. V, 443, 9. VI, 378, 8. Rechtsaltertümer 99.
[3]) Grimm, I, 876.

liefern¹) und in einem anderen Falle „ein kannen weins."

Um durch eine Heirat nach auswärts nicht eine Verminderung ihres Einkommens zu erleiden, machten es die Lehnsherrn den von ihnen abhängigen Landleuten zur Pflicht, ihre Kinder nicht in einem anderen Dorfe zu verehelichen; diese Vorschrift wurde auch meistenteils befolgt, und es heirateten sich nur hörige Genossen derselben Grundherrschaft. („Item es soll ein ieclich gotzhuss man zu des gotzhuslüt gryfenn mit der heiligenn ee.")²) Wollten sich jedoch Angehörige verschiedener Grundherrschaften ehelich mit einander verbinden, so durften sie dies nur mit Zustimmung (orloff, consent) der beiderseitigen Herrn thun. Die Erlaubnis dazu wurde auch in der Regel erteilt; jedoch war eine solche Ehe (ungenôzsame) meistens von materiellem Nachteil begleitet, insofern als bei einem eintretenden Sterbefall nicht nur das Besthaupt, sondern ausserdem noch ein bestimmter Teil der fahrenden Habe an den Grundherrn fiel. So verloren die Leute des Gotteshauses St. Blasien im Schwarzwald in diesem Falle zwei Teile;³) ebenso die Unterthanen des Klosters Thayngen (Kanton Schaffhausen⁴). Schlimmer noch ging es den Leuten, welche eine „ungenussin" zur Frau genommen hatten, in Grussenheim (Unterelsass). Zu Lebzeiten mussten diese nämlich jährlich „drissig schillinge phenninge" zahlen, und wenn

---

¹) Grimm, deutsche Rechtsaltertümer 391.
²) Oeffnung von Dagmersellen bei Grimm I, 170.
³) Grimm IV, 485,24.
⁴) Grimm IV, 429,23. vgl. auch: leges et statuta Familiae S. Petri um 1024; bei Schannat hist. wormatiens. cod. probat. Nro. 51.

sie starben, „so sol och ein appet nemen als das er vindet varendes gutes, und sollent sine kint kein gut erben, das von deme closter röret, es en wer denne, daz sich die frowe und kind dem gotzhuse und s. Mauricien gebent, obe es sin mag, und sol die erbeschafft vallen an die nehesten frunt die an das closter horent."[1])

Bei Ehen unter Hörigen mit freien Leuten verlor in der Regel der freie Teil, welcher in irgend eine Hörigkeit hineinheiratete, seine Freiheit nach dem Grundsatze: unfreie Hand zieht frei nach sich. Die aus einer solchen Ehe entsprossenen Kinder folgten meistens der ärgeren Hand und wurden infolgedessen selbst hörige oder unfreie Leute: „So ein gotshus man ein fries wib genimpt vnd zuo jr an das bette getritt vnd sich entgurt hat so sy ir friheit verloren, vnd die kind, die denn von jnen also koment, die sint des gotshus eigen vom libe."[2]) In Schwaben jedoch folgten die Söhne dem Vater und die Töchter der Mutter, sodass, wenn daselbst ein Leibeigener eine freie Frau geheiratet hatte, die Söhne leibeigen blieben, während die Töchter dadurch frei wurden.[3])

Was die bäuerlichen Lasten betrifft, so zerfallen dieselben in zwei Hauptkategorien, einmal in die Abgaben mannigfachster Art und ferner in die Herren- oder Frondienste. Die Abgaben wurden meistens ent-

---

[1]) Grimm I, 674.
[2]) Weistum von Steinen aus dem Jahre 1413; bei Grimm IV, 485,18 vgl. ferner IV. 493,55 (Oefnung des St. Blasischen Waldamts 1383) und III, 740,39 (Weisthum aus dem Obernbreisgau 1461.)
[3]) Ruoprecht von Freysing, Stadt und Landrechtsbuch; hrsg. von Maurer, 213.

richtet infolge eines dinglichen Verhältnisses zwischen den Grundherrn und den Bauern, welche von ihnen Ländereien zur Nutzniessung bekommen hatten; doch finden sich solche auch wegen eines blossen Hörigkeits- oder Leibeigenschaftsverhältnisses. Die grundherrliche Verwaltung ist nicht so sehr mit unserem Rittergutsbetrieb wie vielmehr mit unserer Steuerverwaltung zu vergleichen, nur dass die Steuern und Zinsen meist nicht in Geld, sondern in den mannigfachsten Naturalprodukten abgeliefert wurden. Dass diese Art der Zahlung die ursprüngliche war, ergiebt sich schon aus einem ökonomischen Grunde: Ueberall ist die Naturalwirtschaft älter als der Geldverkehr. Wo Arbeitsteilung, Gebrauchsteilung und Handel noch sehr geringfügig sind, da müssen Naturalabgaben für den Geber die leichtesten, für den Empfänger die angenehmsten sein.

Unter den dinglichen Lasten des Erbpächters stand der Grundzins oben an, der für das zur Benutzung empfangene Land entrichtet werden musste. Er bildete das eigentliche Pachtgeld und bestand meistens nur in einer ganz kleinen zur blossen Anerkennung des Obereigentums gezahlten Summe.[1]) Ebenso wie die übrigen Abgaben wurde er wegen der im Mittelalter so häufigen Schwankungen im Werte der Münzen weit seltener in diesen, als in Bodenerzeugnissen und Vieh entrichtet. Die übrigen Lieferungen unterschied man je nach dem Gegenstand der Abgabe in Fruchtzins, Viehzins, Gerätezins und Kleiderzins. Eine besondere Abart war der Zehnte. Derselbe hatte seine Entstehung in den

---

[1]) vgl. die Zusammenstellung bei Mone, Zeitschrift für Geschichte des Oberrheins X, 264, 268 ff; ferner Grimm, deutsche Rechtsaltertümer, 384.

Vorschriften des alten Testamentes,[1]) wonach jeder Israelit den zehnten Teil seiner Feld- und Baumfrüchte und das zehnte Stück des Rind- und Kleinviehes an die Leviten zu ihrem Unterhalte abgaben, die dann wieder den Zehnten davon an die Priester ablieferten. Diese Bestimmungen waren späterhin dahin erweitert worden, dass ein zweiter Zehnt von Ackerprodukten, wie Oel und Most, und die Erstlinge des Rind- und Kleinviehs zu einer Mahlzeit beim Zentralheiligtum verwandt werden sollten. Auf diese Satzungen und Einrichtungen beriefen sich die kirchlichen Behörden bei Einführung dieser Abgabe und nahmen daher die Säumnis in ihrer Entrichtung mit in die Beichtformeln auf: „ih gihu, daz ih mînan decemon ni fargalt sô ih scalda."[2]) Neben diesem kirchlichen unterschied man auch einen weltlichen Zehnt, welcher der Grundherrschaft geliefert werden musste; doch handhabte man diese Einrichtung meistens so, dass Pfarrherr und Grundherr sich in die gelieferte Abgabe teilten: so bekam z. B. in Neustadt (Franken) der Pfarrer ein

---

[1]) «dô Abraham den sig gewan
und im Melchisedech bekan
und im brâhte brôt und wîn
und im segnete die spîse sîn
dô gab im den êrsten zehenden Abraham
von allem dem roube, den er nam
dien künigen, die er überwant
und Loth erlôste von ir hant;"
In Kunrats von Ammenhausen Schachzabelbuch; hrsg. von Vetter 394.

[2]) Lorscher Beichte; bei Müllenhoff und Scherer. 72 b, 16; vgl. ferner: „thes inhu ik that ik mînan degmon sô rehto ne gaf sô ik scolda" Sächsische Beichte, bei Müllenhoff und Scherer No. 72,23; ähnlich auch die Reichenauer Beichte, ebenda 75,27.

Drittel davon;[1]) ebenso in Gensheim[2]) und Dettwiller (Unterelsass).[3])

Eine besondere Abgabe war auch noch der sogenannte Sterbfall, eine Steuer, wonach das Erbrecht der natürlichen Erben zu Gunsten des Gutsherrn beschränkt wurde.[4]) Die Abgabe des Todfalles war ein rechtskräftiger Beweis, dass der Verstorbene das Gut nicht als Eigentümer, sondern nur als Besitzer bewirtschaftet hatte. Das frühere Recht des Herrn auf die gesamte Habe trat bei dieser Gelegenheit wieder einmal recht hervor, insofern als bei Eintritt eines Sterbefalls die Erben das beste Stück Vieh oder das beste Kleid an die Herrschaft abzuliefern hatten, ebenso wie die Nachkommen des Vasallen dem Lehnsherrn das edelste Ross ihres Erblassers übersandten. Die gewöhnlichen Benennungen dieses Mortuariums waren „daz beste houbet, daz tiurste houbet, daz beste nôz, val, tôtval, sterbfall, geläss und buteil." Eine sehr frühe Spur des Besthauptes findet sich in einer Urkunde von 765: „quicunque mansum de terra nostra possederit, moriens bovem unum ad curtemm dabit, quod vulgo dicitur herdohso, aut si bovem non habuerit, duodecim denarios persolvet,"[5]) Die Auswahl des Besthauptes geschah auf mannigfache Art und Weise; so musste z. B. der Diener des Abtes zu Werden mit einem weissen Stabe rückwärts in den Stall zu den Pferden oder Kühen etc. treten, und welches Stück er mit dem Stabe berührte, das war das beste Haupt, womit der Abt zufrieden sein musste.[6]) Anders ver-

---

[1]) Grimm VI. 54,29
[2]) Grimm V, 240,9
[3]) Grimm V, 481,15
[4]) vgl. Maurer, Geschichte der Fronhöfe IV, 353—376.
[5]) Grimm, Rechtsaltertümer 365.
[6]) bei Kindlinger, Geschichte der deutschen Hörigkeit 120, e.

fuhren nach einem Weistum von 1344 die Leute des Gotteshauses zu Güntersthal bei Freiburg. Diese trieben in vierzehn Nächten das Vieh des Verstorbenen zusammen und wählten dann nach Augenmass das beste Stück heraus, ohne dass es vorher begriffen oder dessen Güte auf sonstige Weise erprobt werden durfte.[1]) Das St. Blasische Waldamt begnügte sich beim Tode eines Gotteshausmannes nicht mit dem Besthaupt, sondern nahm ausser dem noch „wat vnd waffen" und führt als Grund dafür an, dass es das Gewand brauche, um arme Leute, die es nötig hätten, damit zu bekleiden; der Waffen aber bedürfe es, um damit die Anwohner zu schützen.[2]) Obwohl allerdings in der Regel nur Hörige von dieser Abgabe in Anspruch genommen wurden, so kam es jedoch auch mancherorts vor, dass Freie mit dieser Steuer belegt wurden;[3]) ja sogar Fremde, die auf herrschaftlichen Gütern starben, unterlagen manchmal diesem Zins: „Item ein apte und das closter hat auch die frihet und recht zu A., queme ein fremde mann und sturbe in der stad oder vorstad uf des closters guten, do das closter vasznachtshuner uf hette, der sollte ein bestheupt geben, er queme here wo er wolde."[4])

Als eine weitere Abgabe sind noch die Zölle zu erwähnen, die von den Bauern gezahlt werden mussten, während „pfaffenn, ritter vnd all jr gesind vnd guet zolfrey" waren. Der Tarif derselben war naturgemäss je nach den einzelnen Orten verschieden, in der Regel aber nicht hoch bemessen,[5]) sodass sie von jedermann

---
[1]) Grimm I, 330.
[2]) Grimm IV, 492,51.
[3]) Grimm I, 354, 58.
[4]) Amorbacher Weistum von 1395; bei Grimm VI, 5,12.
[5]) vgl. die Weistümer von Münster (IV, 187) Tätwil (IV, 402) Basel (IV, 476) und Dettwiler (V, 480); ausserdem Rupr. von Freysing, Stadt- und Landrechtsbuch 149.

leicht entrichtet werden konnten. Man unterschied im allgemeinen einen Wegezoll, Marktzoll[1]) und Brunnenzoll. Letzterer musste für die Benutzung des Brunnens im Dorfe geleistet werden und war auf die Ortsangesessenen häufig derartig verteilt, dass diejenigen, welche dem „burn" zunächst wohnten und ihn am meisten in Anspruch nahmen, auch den grössten Teil des Brunnengeldes bezahlten.[2])

Die Gesamtheit dieser Abgaben wurde in den meisten Fällen nicht entrichtet, sondern es kam sehr häufig vor, dass die einzelnen Ortschaften von dieser oder jener Steuer befreit waren: So brauchte der Hof zu Baltriken keinen Zehnt zu liefern, „darumb, daz er das wuocherrind und wuocherschwin haben soll";[3]) umgekehrt waren zu Markt Offingen den Leuten, welche den Zehnt entrichteten, die übrigen Zinsen erlassen.[4]) Die Bauern von Istein nnd Huttingen brauchten in Basel keinen Wegzoll zu zahlen; ebenso waren die Angehörigen des Dorfes Gottlieben davon befreit, wenn sie nach Constanz kamen.[5]) Zu Sasbach a/Rhein brauchten die Einwohner keine Abgabe für die Benutzung des Brunnens zu entrichten[6]), und die Angehörigen der Gemeinde Hasloch a/Main waren der Ablieferung des Sterbfalls überhoben.[7]) Das Gleiche war der Fall in Basserstorf bei Zürich, zu Kyburg in Oestreich, zu Grendelbruch im Unterelsass und in mehreren anderen Ortschaften.[8])

---

[1]) Grimm V, 480 und 600. VI, 426 und 458.
[2]) Weistum von Balgau 1448, bei Grimm V, 356, 24.
[3]) Grimm V, 103, 12.
[4]) Grimm VI, 207, 29.
[5]) Grimm, VI, 378. IV, 419, vgl. ferner IV, 614 und IV, 592.
[6]) Grimm IV, 510, 37.
[7]) Grimm VI, 38, 7.
[8]) Grimm, IV, 263, 20. 337, 6, V, 417, 16.

Die Termine für die Ablieferung der Abgaben waren ganz verschieden. Während anfangs jährlich zwei Lieferungszeiten als Regel gegolten hatten, eine im Frühling und die andere zur Zeit der Ernte (maibete und herbstbete), so kam man allmählich in vielen Gegenden von diesem Brauche ab und bestimmte in den meisten Fällen irgend einen Heiligentag, an dem die Verpflichtungen beglichen werden mussten. Zu Sulzbach z. B. war der Ostermontag als Lieferungstermin festgesetzt, zu Stockstadt der Walpurgistag, in Esleben die Zeit zwischen Assumptionis und Navitatis Mariae, zu Markt Offingen der Sonntag nach Johannis[1]) etc. Sehr oft wurden die verschiedenen Abgaben auch an verschiedenen Tagen entrichtet; so lieferte man in Wettingen den Kornzehnten auf St. Gallentag, den Haferzehnt zu Martini; in Engelberg brachte man dem Gotteshause den „zinspfenning ze sant Gallun tag, die eiger ze ostran, die milcheimer ze pfingsten, di meienstür of sant Johanstag.[2]) Eine analoge Bestimmung finden wir im Schwäbischen Recht, wo es heisst: „an sand Walpurgun tag ist verdienntt der lemper zehent gelt. an sand Johanstag so ist verdient aller vleisch hannt. an sand Margaretentag so ist verdient der wein. an sand Martans tag so ist verdient das korn."[3])

Mit einer geradezu ängstlichen Genauigkeit waren die einzelnen Abgaben oft festgesetzt. So lesen wir z. B. in einem Weistum von Walmersheim, dass ein jeder „viertheil lands soll geben ein weiss simmel einer handt mit dem daumen langh hoch, vnd so breit, als man mit dem daumen mitten darauff stellen vnd mit

---

[1]) Grimm IV, 72. VI, 392, 2. VI, 86. VI, 207, 29.
[2]) Grimm V, 102. I, 4.
[3]) Ruprecht von Freysing 165.

den fingern vmbzircken kan. vnd eder viertel landes gibt dem gruntherrn $7\frac{1}{2}$ ey, vnd dass achte ey soll die fraw vff die schwell legen, welches der scholtess mit einem kolter von einanderhawen, vnd wass binnent die schwell fellt, soll der gehöffer, vnd wass darbaussent fellt der grundherr haben."[1]) In ähnlicher Weise finden wie in einem Weistum von Gillenfeld ganz genau festgelegt, wie gross der Hahn sein muss, den man „vff s. Johansabendt" zu liefern hatte: „ob die herrn bedächten vnd sagen wollten, dass die hanen zu klein wären, soll man einen stuhl dritten halben fuss hoch darstellen, ist der han also gross, dass er vff den stuhl springen kann, so soll der lehenmann darmit bezahlt vnd genug gethan, vnd die herren darmit ein gnügen haben, ist er aber nit so gross, dass er vff den obgen. stuhl nit springen kann, soll der lehenmann den hanen wiederumb heimtragen vnd ihn also lang ziehen, dass er gross genug werde vnd soll ihn vff s. Michelstag wiederbringen."[2]) Erregen schon derartige Bestimmungen bei uns eine gewisse Heiterkeit, so ist dies noch viel mehr der Fall, wenn wir lesen, dass eine Bauersfrau soviel Käse und Butter zu entrichten hatte, „als dick und schwer ir hinterteil" war, und andererseits einen Corduansessel, der so gross sein muss, dass sie ihn just damit ausfüllen konnte.[3])

---

[1]) Grimm II, 538; vgl. damit die ganz ähnliche Vorschrift. im Weistum zu Berisborn II, 525.

NB. Die von Gierke „der Humor im deutschen Recht" S. 47 versuchte Erklärung lässt sich auf diesen Fall nicht anwenden.

[2]) Grimm II, 414. vgl. ferner I, 599.

[3]) bei Sugenheim, Aufhebung der Leibeigenschaft 360 Note 2.

Nach der Art der Entrichtung zerfielen die Abgaben in sog. Holzinsen und Bringzinsen. Erstere wurden von dem Grundherrn selbst, resp. dessen Beamten im Hause der Bauern abgeholt: „er sol jn vodernn oder seinen potenn zue seinem haus sendnn vnnd sol dy nachtpaurnn darzu nemmenn ob sy da sind. vnnd sind sy nicht da se nem annder piderleut. vnnd ist sein haus zu verr er sol jn suechnn auf dem guet da man in den zynns von gebnn sol."[1]) Eine besondere Abart dieser Holzinsen war der Gatterzins, bei dessen Erhebung der Zinserheber die Schwelle des Hauses nicht betreten durfte, sondern draussen warten musste, bis ihm der Zins über das Gatter hinausgereicht wurde.[2]

Wie aus sehr vielen Weistümern ersichtlich ist, musste bei der Zinserhebung mit grösst möglichster Schonung vorgegangen werden. Die Abgabe musste so „gnediglich, geruehlich, und still" erhoben werden, dass, wie die Formel lautet, weder der Hahn auf dem Gitter erschreckt, noch das Kind in der Wiege geweckt würde.[3]) Lag die Frau des Zinspflichtigen gerade im Kindbett, „so sal der amptman dem hune das heupt abbrechen vnd sal der frauwe das hun geben. vnd sal er das heupt mit ime heym füeren syme herrn zum warzeichen."[4]) Besondere Rücksicht musste bei der Zinserhebung auch auf die armen Leute genommen

---

[1]) Ruprecht von Freysing 71; ähnlich Schwäb. Landr. W. c. 69.

[2]) Grimm, Rechtsaltertümer 75 und 389.

[3]) Weistümer von Weinsheim, Gondenbret und Selrich; Grimm II 531, 539, 546.

[4]) Grimm I, 534; fast alle hierauf bezüglichen Weistümer haben dieselbe Fassung; vgl. die Rechtsweisungen von Sensweiler, Niederprüm, Gondenbret, Ermatingen, und Dornhaim. II. 129, 534, 544. I. 239 und 376.

werden: „und wa ein arme witwen wäre, die es (nämlich das Fastnachtshuhn) nit haben möchte, die sol man ledig lassen;"[1]) und wenn das Jahr unfruchtbar war, so war es dem Zinserheber auch nicht gestattet, die Abgabe einzuziehen; er musste sie entweder ganz erlassen, oder wenigstens bis zum folgenden Jahre stunden; „si cuiuslibet anni sterilitas fructus terre non produxit, antiqua consuetudine quod terra negavit coloni reddere non cogentur."[2])

Die zweite Art von Abgaben, die sogenannten Bringzinsen, mussten die Hörigen dem Grundherrn oder seinem Beamten selbst übermitteln. Als Ort der Ablieferung galt in der Regel der Fronhof. War der Zinsherr bei der Entrichtung nicht zugegen, so war der Zinspflichtige berechtigt, die Abgabe an einen bestimmten Ort („ein stein der stet in dem hof" oder „das vberthor in dem hus") öffentlich niederlegen und sich darauf zu entfernen; die Entrichtung wurde dann als geleistet angenommen.[3]) Für den Fall jedoch, dass die Lieferung nicht rechtzeitig geschah, trat in der Regel als Strafe eine ziemlich unbedeutende Geldbusse oder Pfändung irgend eines essenden, liegenden, fahrenden, Kisten- oder Schreinpfandes ein. In sehr vielen Fällen wurde den Säumigen, welche den Termin hatten verstreichen lassen, ein neuer Zahlungstag angesetzt; beglichen sie auch dann ihre Verpflichtungen noch nicht, so mussten sie einen Strafzins zahlen.

---

[1]) Weistum von Tessenberg 1853; Grimm, V. 27, 7; vgl. ferner VI, 54 und VI, 16, 8.

[2]) Rechte des Gotteshauses zu Aspach; Grimm VI, 125, 5; ähnliche Vorschriften finden sich noch V, 120, 17 und IV, 342, 13.

[3]) Grimm, Rechtsaltertümer 389 f.

Dieser war, wie gesagt, in den meisten Fällen sehr minimal; so bezahlten die Bauern in Thiengen 3 Schilling, in Weiler und Bubendorf 3 ₰. und die Angehörigen des Gotteshauses zu Aspach 12 nummos.[1]) Wurden diese Strafgelder nicht freiwillig erlegt, so trat Pfändung derselben ein. Diese wurde in der Regel von dem Schultheissen vorgenommen, während der Vogt vor dem Hause „vf der misten" warten musste. Auch bei dieser Gelegenheit musste sehr schonend vorgegangen werden, und der Pfändende „ein mitleiden mit dem armen man haben."[2]) Den gepfändeten Gegenstand behielt der Amtmann gewöhnlich vierzehn Tage; kam der träge Zinszahler während dieser Zeit mit seiner Abgabe, so erhielt er das gepfändete Gut sofort wieder; im entgegengesetzten Falle wurde der Gegenstand zum Verkauf angeboten. Erzielte man bei dieser Gelegenheit einen Erlös, der grösser war, als die zu entrichtende Abgabe, so erstattete man die überschüssige Summe dem Säumigen zurück; bekam man jedoch weniger, so hatte dieser den Rest darauf zu zahlen.[3]) Eine bei weitem schärfere Strafe bei verspäteter Lieferung war der sogenannte Rutscherzins, dessen Wesen darin bestand, dass die Abgabe sich mit jedem Tag Verspätung verdoppelte.[4]) Diese Art der Bestrafung ist die ältere; sie findet sich bereits im achten Jahrhundert: „et si de ipso censo neglegens aparuero anno primo, in secundo anno redam duplum, et si tunc neglegens aparuero, anno tercio redam triblum."[5]) Auch noch zur Zeit der Rechtsbücher

---

[1]) Grimm IV, 479, 7. VI, 801. V, 53 und VI, 125.
[2]) Grimm II, 191.
[3]) Grimm IV, 510, 38.
[4]) Grimm, Rechtsaltertümer 387.
[5]) Neugart cod. dipl. Alemanniae Nro. 54 (a. 773).

ist dieser Zins gang und gäbe;[1]) später jedoch verschwindet er allmählich und hat sich nur noch in einigen Gegenden bis zum Ausgang des Mittelalters erhalten; so finden wir ihn z. B. noch in den Rechten des Gotteshauses zu Geimersheim, in dem Märzengerichtsbüchlein von Markt Offingen, in dem Weistum von Riol und einigen anderen.[2])

Es war eine allgemein verbreitete Sitte im Mittelalter, die Entrichtung der Zinsen und Abgaben zu mildern und durch Gefälligkeiten und Gegenleistungen zu vergüten. Selten schüttete ein Fronfischer seinen Fang aus, der dafür nicht irgendwie verköstigt wurde; der Schmied, der ins Sendgericht Hufeisen und Nägel lieferte, durfte sich dafür Holz in der gemeinen Waldung hauen.[3]) In Hattweiler bekamen die Zinslieferer eine Flasche Wein „etliche mutschen in einem sack und je 6 ₰"; zu Dalsheim gab man ihnen „ein viertel weins und zwei schöne brot als dick das noth geschicht", und zu Froitzheim eine Gans, genügend Brot und achtzehn Garben als Futter für ihre Pferde.[4]) Oft überstieg die Gegengabe sogar den geringfügigen Anerkennungszins. Dem einäugigen Boten z. B., der auf seinem Schimmel die „teyhen und schultern von gemesten schweinen" als Abgabe nach Hirschhorn brachte, wurde nachts sein Pferd bis an den Gurt in Hafer gestellt, ihm selbst trug man in weissem Geschirr reichlich Essen und Trinken auf und entliess ihn dann mit

---

[1]) Vgl. Ruprecht von Freysing 71; desgl. Schwäb. Landrecht W. c. 69.
[2]) Grimm VI, 197 und 207. II, 302.
[3]) Grimm, Rechtsaltertümer 394.
[4]) Grimm, V. 683. I. 804. IV. 775.

genügend Proviant und einem Trinkgeld.¹) Das Salzberger Walpertsmännchen, welches den Freiherrn von Buchenau sechs „knaken" (alte Münze im Werte von sechs Heller) überbringen musste, wurde von diesen extra begrüsst und drei Tage lang reichlich mit vorgeschriebenen Speisen und Getränken bewirtet; schlief es während dieser Zeit nicht ein, so mussten die Zinsherrn es lebenslang verpflegen.²) Die Förster von Laufen, die zu Constanz „die swin geantwurtet," bekamen vom besten dieser Zinsschweine das Rückenstück, „da die swart dry vinger brait vff sy, vnd desselben swins schmer."³) Noch besser erging es dem Köhler und Zimmermann des Fronhofes zu Sigolsheim in Oberelsass. Diese erhielten bei Entrichtung des Zinses ausser dem Nachtlager und der Verköstigung, die in einem Viertel Weins und vier weissen Broten bestand, noch „eine unze pfenninge", Tuch für ein paar Hosen und ein paar neue Schuhe; endlich wurden sie noch in den Schlaf eingegeigt und des Nachts durch einen Wächter gegen Feuersgefahr geschützt.⁴)

Die zweite Hauptcategorie der bäuerlichen Lasten waren die Herren- oder Frondienste; auch „achte, ochtewerke, juch, robbat, arbart, scharwerk, tagdienst, tagwan, werchart," genannt. Ursprünglich waren diese Dienste ungemessen, nicht bloss der Zeit nach, sondern auch hinsichtlich der Art der Leistung. Später aber änderte sich der Gebrauch und wir finden fast überall den Usus, — und dieser galt im Mittelalter so viel und mitunter wohl noch mehr als Gezetz- und Vertrag —

---

¹) Grimm I, 446.
²) Grimm, Rechtsaltertümer 388.
³) Grimm I, 105.
⁴) Grimm I, 666.

nicht mehr als zwölf Tage im Jahre Frondienste zu verlangen. und zwar in der Art, dass sie von den Pflichtigen im Laufe eines Monats nie mehr als drei Tage lang begehrt werden durften.[1]) Am häufigsten wechselte die Anzahl der Arbeitstage im Jahre zwischen drei und sechs, betrug öfters auch bloss zwei, ja in manchen Gegenden sogar nur einen Tag, gleichsam zur blossen Anerkennung des früheren Verhältnisses ausbedungen.[2]) In vielen Fällen richtete sich die Zeitdauer oder Häufigkeit der Dienste auch nach den Vermögensverhältnissen des Frondepflichtigen; so musste z. B. zu Sulzbach im Elsass ein Hufner, der 4 Pferde besass, einen Frontag leisten, während man sich bei einem anderen, der nur zwei hatte, mit einem halben Tag begnügte.[3]) Wurde ein Tag lang gearbeitet, so war dieses Zeitmass durch den Auf- und Untergang der Sonne bestimmt. Sie regelte im Mittelalter alle Geschäfte; wenn sie aufging, verliess der Fronarbeiter seine Hütte, wenn sie zu Raste ging, kehrte er heim.

Was die Dienste selbst betrifft, so waren dieselben so verschiedenartig und so mannigfaltig, dass es rein unmöglich ist, dieselben alle aufzuzählen. Wir wollen uns deshalb auf die Anführung einiger characteristischer beschränken. Am häufigsten und verbreitetsten waren die sogenannten Acker- oder Felddienste. Sie zerfielen in Hand- und Spannfronen, welche, wie schon der Name sagt, teils durch der Hände Arbeit, teils durch bestimmte Wagenfuhren geleistet werden mussten. Beide Arten kamen sowohl beim Bestellen des Ackers

---

[1]) Buchholz, Geschichte der Regierung Ferdinands des Ersten VIII. 50—58.
[2]) Grimm I, 668 II, 525, 538, 542 und 549 V, 601, 34.
[3]) Grimm IV, 72.

als beim Abernten desselben vor. Das Feld musste gesät, gepflügt, geeggt und gewalzt werden; Dünger musste angefahren und das Unkraut gejätet werden. Noch mehr Arbeit gab es für die Fronleute zur Zeit der Ernte: da mussten sie die Frucht schneiden, einsammeln, binden, in Haufen setzen, einfahren, dreschen u. s. w. Auch die Felder einzuzäunen, mit einem Graben zu umgeben, und die schon bestehenden Einfriedigungen in Stand zu halten und auszubessern, war ihre Pflicht und Schuldigkeit.[1])

Eine andere Art von Diensten waren die sogenannten Baufronen, welche darin bestanden, dass die Bauern bei der Errichtung oder Ausbesserung irgend einer Gebäulichkeit teils Steinfuhren, teils Handlangerdienste zu leisten hatten. Das Hauptgebäude, für dessen Instandhaltung sie zu sorgen hatten, war natürlich der herrschaftliche Hof; nach diesem kam an erster Stelle die Kirche[2]) und der Weg, welcher zu derselben führte: „item kirweg und steg die von alter her sint sol die burschafft gemein machen."[3]) Auch das Pfarrhaus und der Friedhof mussten „in zimlichen buw" gehalten werden; ebenso sollte man für einen guten Zustand des „froenputz" sorgen „dasz man desz drinke bisz man wein kricht".[4]) Waren Brücken nötig, so mussten auch diese von der Gemeinde errichtet werden;

---

[1]) vgl. Maurer, Geschichte der Fronhöfe I, 396 ff. und III, 311 ff.; ferner Grimm I, 644, 18. IV, 621. 11. V, 292. 5. VI, 59, S.

[2]) vgl. Sebastian Francks Weltbuch. fol. 53: „Die bawren sollen zum gebew der tempel stein und holtz zuführen, doch soll vber sein vermoegen niemand beschwert werden." Ferner Grimm V, 554 und IV. 854, 2.

[3]) Rechte von Cappel (15. Jhdt.) bei Grimm I, 419.

[4]) Grimm, VI, 407, 14 und 690 I, 419. V, 573.

so waren z. B. die Angehörigen der Grafschaft Peytigo von alters her verpflichtet, den Steg über den Lech zu bauen, und in Uelfingen musste alle sieben Jahre jedes Haus im Dorfe für die Instandhaltung der Brücke zu Nidouw eine Bohle zusteuern, die vierzehn Schuh lang, einen breit und drei Finger dick war. Als Entgeld für diese Lieferung durften sie dann die Brücke passieren, ohne Zoll zu zahlen[1]).

Auch die verschiedenartigsten Botendienste wurden zu den Fronden gerechnet. Teils zu Fuss, teils zu Pferde wurden sie nach allen Orten geleistet, wohin die Herrschaft es befahl, jedoch mit der Einschränkung, dass niemand gezwungen war, weiter zu gehen, als die Grenzen des Landes reichten.[2]) Die Belohnung der Boten hiess das „botenbrôt", worunter jedoch auch Geschenke und klingende Münze verstanden werden konnten.

An diese Leistungen reihen sich die Transportfronen an, welche durch Getreide-, Wein-, Mehl-, Stein-, Holzfuhren u. dgl. m. verrichtet wurden. Auch die Schiffs- oder Fährdienste kann man zu dieser Klasse rechnen; sie bestanden in der Regel darin, dass nicht nur die Herrschaft, sondern auch ihre Beamten, Diener und Besitztümer über irgend einen Fluss gesetzt oder an bestimmte Orte gefahren werden mussten: „unde sullent och den abbet furen unde sin gut zwischint Teinheim unde Strasburg swae er wil, also das er in das schif nut uberleste."[3]) Die Grundherrn und deren Dienerschaft mussten überhaupt auf ihren Reisen sehr

---

[1]) Grimm III, 646 und V, 31, 10.

[2]) Bair. Recht: „das pottenlauffen ist gleichwol ein scharwerch doch sie ausser landts zu lauffe nit schuldig."

[3]) Rechte des Dinghofs zu Ebersheimmünster; bei Grimm I, 668 vgl. ferner I, 444 und IV, 418, 16.

häufig von einem Ort zum andern gebracht werden. Zu dem Ende waren die Bauern öfters verpflichtet, Reit- und Packpferde zu stellen oder ihre Wagen in Bereitschaft zu halten, „also dass die deixel auswerts ste, wenn der herr reisen muss oder will, es sei ufwerts oder abwerts in das land."[1])

Wie die Vasallen der Krone dem König, wie jeder Lehnsträger seinem Lehnsherrn vor allem zum Waffendienste verpflichtet war, so ist auch der hörige Hintersasse dem Grundbesitzer dazu verbunden gewesen, nur dass er nicht zu Pferde, sondern zu Fuss seine Pflicht erfüllte.

Die Kriegsdienste bestanden teils in dem wirklichen Ausziehen in den Kampf, teils in der Stellung von Heerwagen und Pferden, in der Leistung von Schanzenarbeiten, Wachtdiensten und manchem anderen. Sobald der Krieg ausgebrochen war, mussten die Bauern im Dorfe Sturm läuten, sich „mit harnesch, geschutz vnd were nach irem vermogen" ausrüsten und sich vor dem Dorfe versammeln. War dies geschehen, so zogen sie bis „zu ende der margk", wo sie dann den Befehl des Herrn zum Abmarsch erwarteten.[2]) Befand sich jedoch jemand unter ihnen, „der ein kintbeterin do heime hette", so brauchte dieser nur so weit mitzuziehen, dass er bei Tage wieder nach Hause kommen konnte. Diesen Gebrauch finden wir in manchen Ortschaften sogar auf alle Heerbannpflichtigen ausgedehnt so dass auch bei diesen Waffendiensten die Dauer durch den Auf- und Untergang der Sonne bestimmt

---

[1]) Aus der Ehhaftsordnung zu Tollnstein an der Altmühl; bei Grimm III, 629.

[2]) Vgl. die Weistümer von Ingersheim und Karbach; bei Grimm IV, 526 und VI, 48, 5.

wurde: „angestalt, ob ein gerücht oder viandgeschrei ins land queme, wie lange der man sinem gn. h. vf sin eigen kosten folgen solle? wist der scheffen: von ussgange biss zu niedergange der sonnen und lenger uf sinen kosten nit."[1]) In der Regel wurden diese Kriegsdienste nur für den eigenen Grundherrn und auf Befehl desselben geleistet; wollte ein Bauer in fremde Dienste gehn und sich an einem auswärtigen Kriege beteiligen, so musste er dazu immer erst die Erlaubnis seiner Herrschaft einholen; geschah dies nicht, so verfiel er einer Strafe: so mussten z. B. in den Stiftslanden von St. Gallen für diese Unterlassung 10 ℔ ₰ gezahlt werden, während die Angehörigen des Klosters selbst in diesem Falle sogar Land, Hab und Gut verloren.[2])

Zum Schluss dieser Betrachtung über die wichtigsten Frondienste sei noch einer Leistung Erwähnung gethan, die eines komischen Beigeschmacks nicht entbehrt: Im Lothringischen, im Trierschen und in der Wetterau waren nämlich die Bauern verpflichtet, eine bestimmte Nacht im Jahre, oder wenn der Herr im Dorfe übernachtete, oder seine Vermählung feierte, oder wenn seine Gemahlin im Kindbett lag, das Wasser im Teich mit Ruten zu schlagen, auf dass die Frösche schwiegen.[3]) Dieser Gebrauch, welcher „das frösche stillen" genannt wurde, bezweckte wohl mehr die symbolische Anerkennung der Oberherrschaft als das Vergnügen übermütiger Herren.[4])

[1]) Grimm, Rechtsaltertümer 297 und 355.
[2]) Grimm V, 154 und VI 358, 10.
[3]) Grimm, Rechtsaltertümer 355. Vgl. auch Weistümer von Völklingen bei Grimm II, 10.
[4]) Dies war ebenfalls mit den Frontänzen der Fall; vgl. darüber Maurer, Fronhöfe III, 306 f.

Die Bezahlung für die gemessenen Dienste und Fronden geschah auf mancherlei Art: teils durch Verköstigung, teils durch Lohn und in vielen Fällen auch durch eine Verbindung von Kost und Lohn. Fast allenthalben war genau vorgeschrieben, was und wieviel jedesmal, gewöhnlich in sehr reichlichem Masse, gereicht werden solle. So lautete z. B. eine Weisung des Dinghofs zu Sulzbach: „so die huober fronen, ist jnen der amptmann schuldig essen vnd trinckhen zu geben, roten vnd weissen wein gnuog, darzue flaisch dermassen das solches über den teller abhenge, darzu ein weckhen brot, der über ein pfluoggrendel vffgange."[1]) In Menzweiler musste das Brot, welches dem Tagelöhner gereicht wurde, so dick sein, dass, wenn er' es unter den Arm nahm, er seinen Daumen kaum in den Leibgurt stecken konnte;[2]) und in Saspach in der Ortenau musste das „nachtleib" eine solche Länge haben, dass es vom Knie bis zum Kinn reichte; jedoch war hier das Brot nicht die einzige Arbeitsentschädigung, vielmehr kamen als Zukost noch hinzu Speck, Erbsen, Gemüse, Rind- und Schweinefleisch.[3]) Bei Felddiensten hielt man es mit der Verköstigung öfters so, dass zu beiden Enden des Ackers Nahrungsmittel niedergelegt waren zur Stärkung der Bebauer. So setzte man zu Selrich dem Pflüger „ein düppen mit honigh" hin, damit er sich daran erfrischen könne, „so er schwagh würdte"; und in Menzweiler stellte man für die Feldarbeiter einen Eimer Weins auf.[4])

---

[1]) Grimm IV, 72.
[2]) Grimm IV, 716, 4. Ähnlich drückt sich ein Weistum von Walmünster aus: II, 67.
[3]) Grimm I, 413, 414 vgl. ferner V, 600, 24.
[4]) Grimm II, 547 und IV, 716, 3.

Mancherorts war es auch Gebrauch, dass man den Fronarbeitern ausser dem Lohn für die jeweiligen Dienste einmal im Jahr auch eine grössere Mahlzeit gab.[1]) Zuweilen erheiterte man sie sogar durch Musik und Tanz: so geleitete man z. B. nach dem Menchinger Vogtsrecht von 1441 die Arbeiter mit Musik zu der Wiese, auf der sie das Heu zu rechen hatten; und zu Lindscheid spielte man den Schnittern von Nachmittag bis Abend zum Tanz auf.[2])

Alle diese Bestimmungen beweisen aufs deutlichste, dass der grundhörige „arme Mann" des Mittelalters seiner Grundherrschaft gegenüber nicht so rechtlos war, wie von vielen Seiten angenommen wird. Das Verhältnis, in dem er zu seinem Herrn stand, war durchaus kein unwürdiges; es liess sich im allgemeinen recht wohl ertragen, ja es war in vielen Gegenden sogar ausgezeichnet zu nennen. Die sociale Stellung hatte sich, wie gesagt, seit dem dreizehnten Jahrhundert immer mehr gehoben. Seit dieser Zeit beginnt auch die Litteratur sich immer eingehender mit dem Bauer zu beschäftigen. Der Grund dafür liegt indirekt entschieden in der fortwährend wachsenden Wohlhabenheit der Landbevölkerung. Denn infolge des Mangels an tieferer Bildung und auf Grund der Lebensverhältnisse, in denen der Bauer sich bewegte, steigerte sich mit dem Reichtum und Wohlleben auch in demselben Verhältnisse seine Gespreiztheit und Eitelkeit, sein Dünkel und sein Luxus in Kleidung. Er erborgte sich ein fremdes Aeussere, mit dem er jedoch die ihm von Geburt aus anhaftenden plumpen „dörperlichen"

---

[1]) vgl. die Rechte des Dinghofs zu Niederhaussbergen b. Strassburg. Grimm I, 717.

[2]) Grimm, Rechtsaltertümer 395.

Manieren nicht ganz verdecken konnte, und das gerade
machte ihn zu einem so geeigneten Object ergötzlicher
humoristischer Schilderungen. Man schuf aus ihm Zerr-
bilder, die in der dramatischen Darstellung sich bis
ins Groteske erweiterten. Dass die letzte Ursache
hierfür in der Ueppigkeit des Bauern lag, ist unbe-
stritten; andererseits lässt sich jedoch auch nicht
von der Hand weisen, dass aus all den satirischen
Behandlungen, die sich mit diesem Thema beschäftigen, eine gute Portion Neid herausblickt über den
Factor, welcher das alberne Benehmen zur Folge
hatte, nämlich das materielle Wohlbefinden. Schon im
13. Jahrhundert blickte Neidhart neidisch auf die behaglichen Verhältnisse, unter denen der Bauer in Oestreich und Baiern lebte. Die Gespreiztheit bei sehr
engem Gedankenkreis, das Prahlen mit dem stolzen
Gefühl eigenen Wertes, die Schlemmereien in Essen
und Trinken, die Neigung, in Benehmen, Auftreten und
Redeweise den Adel nachzuahmen, alle diese typischen
Eigenschaften des Neidhartschen Bauern lassen sich
nur verstehen, wenn man die Triebfeder und letzte Ursache dieser Erscheinungen, den Reichtum, mit in die
Betrachtung hineinzieht. Baiern und Oestreich waren
eben die Lande, wo der Bauer sich zuerst zu einer gewissen Selbständigkeit und Unabhängigkeit emporge-
rungen hatte, und daher war der Bauer dieser Gegenden
auch der erste, mit dem die Litteratur sich beschäftigte.
Als später sich die Lage allgemein hob, da vermehrte
sich natürlich auch die Zahl der Neidharte, und die
ganze Legion seiner Nachfolger lässt die Tendenz der
Verhöhnung immer deutlicher durchmerken, bis sie im
fünfzehnten Jahrhundert der ausschliessliche Zweck geworden ist. Man kann daher wohl den **nicht zu kühnen**

Satz aussprechen: Zu der Zeit, wo die Litteratur sich in satirischer Form mit dem Bauer beschäftigte, da lebte derselbe immer unter behaglichen, günstigen Verhältnissen. Diese spiegelten, wie gesagt, sich in seinem ganzen Auftreten und besonders aber auch in der Art, sich zu kleiden, wieder; und deshalb ist auch die Kleidung ein Kriterium für die allgemeine sociale Lage.

Der Unfug der allzu üppigen Kleidertracht muss schon ziemlich früh begonnen haben. Wenigstens beschäftigen sich schon Gesetze aus dem 13. Jahrhundert damit, den Bauern vorzuschreiben, in welche Stoffe und Farben sie sich kleiden dürfen:

„dô man dem lant sîn reht mâz
man erloubt im hûsloden grâ
und des vîretages blâ
von einem guoten stampfhart.
dehein varwe mêr erloubt wart
in noch sînem wîbe
diu treit nû an ir lîbe
grüene brûn rôt von Jent."[1])

In der gesegneten, glücklichen Donauebene bei Wien war es, wo die bäuerliche Eitelkeit ihre ersten Triumphe feierte. Die Bewohner dieser Gegend und die Bauern in Oberbayern waren die ersten, welche infolge ihres luxuriösen Aufwandes ein Gegenstand der Verspottung und Verhöhnung wurden. Angestachelt von ihrem Reichtum hielten sie sich für gleichberechtigt mit den höheren Ständen, dem Adel, und gaben sich alle Mühe, die Sitten dieser Vornehmen, sowie alles Fremdartige, was ja ohnehin schon damals immer für besser galt als das Einheimische, nachzuahmen:

---

[1]) Seifried Helbling, in Haupts Zeitschrift für deutsches Altertum.

„swaz man dem affen vor tuot,
daz tuot er nâch und dunkt in guot."[1]

Bei dem Vorbilde blieb man jedoch nicht stehen, sondern suchte dasselbe noch zu übertreffen durch masslose Uebertreibungen. Man verleugnete alles Eigentümliche und gab sich alle erdenkliche Mühe, einen möglichst höfischen, ja sogar ausländischen Eindruck zu machen. Einheimische Stoffe, mochten sie auch noch so vorzüglich sein, genügten den Bauern in vielen Fällen nicht: sie hatten, wie Neidhart erzählt, „sich bewollen mit sô vrömden sachen daz hie bevor den Tiutschen wilde was." Nach „dem hovesite" tragen die Landleute in Oberbayern Röcke „ôsterrîches tuoches", beziehen „die sîden und daz tuoch her von Walhen" und lassen sich eben daher „rôte gelzen" und von Iberne „spiegelschnuren" mitbringen.[2]

Die ganze Tracht war oft so üppig und reichlich, dass man, wie Helbling sich ausdrückt, aus dem Tuche, welches die Leute „ze wald und in der Raczgegent" zu einem Aermel brauchten, bequem vier vollständige Waffenröcke verfertigen konnte.[3] Schon auf die Kopfbedeckung verwandte man eine nicht geringe Sorgfalt. Man versah die Hüte mit seidenem, vor dem Gesicht herabhängenden und flatternden Unterfutter, schnürte sie inwendig, und nähte an der Aussenseite sehr häufig „vogelîn mit sîden ûf"[4] Sehr characteristisch ist in dieser Beziehung die Haube, die wir als Kopfbedeckung des Meiersohnes Helmbrecht kennen lernen.[5] Dieselbe ist

---

[1] Seifried Helbling I, 453.
[2] vgl. Neidhart, hrsg. v. Haupt, 32,20, 60,12, 86,13, 21,16, 125,2.
[3] Seifried Helbling, I, 167 ff.
[4] Neidhart, 86, 8.
[5] Meier Helmbrecht; hrsg. von Keinz 10—120.

von Seide ganz und gar durchwirkt; an dem oberen Teil finden wir „manegen vogel, siteche unde tûben ûf genât", zur rechten Seite einer reiche Stickerei, welche die Belagerung und Zerstörung Trojas mit der Flucht des Aeneas vorstellte; das Bild über dem linken Ohr zeigte
„künic Karle unde Ruolant
Turpîn und Oliviere
waz die wunders mit ir kraft
worhten gegen der heidenschaft."
Hinten, zwischen den Ohren, sah man, wie die beiden Söhne der Frau Helche, die Dietrichs von Bern Obhut anvertraut waren, in der Rabenschlacht von Witege getötet wurden. An der vorderen Seite war die Zeit des Dichters durch fröhliche Ritter und Frauen veranschaulicht, die sich im Tanze drehten:
„ie zwischen zwein meiden gie
ein knabe der ir hende vie
dâ stuonden videlaere bî."
Eine Nonne, die ihrer Zelle entronnen war, hatte dieses Wunderwerk der Stickerei angefertigt, und war dafür von Helmbrechts Schwester mit einem Rind und von dessen Mutter mit Käse und Eiern beschenkt worden.

Wenn an dieser Beschreibung auch die Phantasie des Dichters den weitaus grössten Anteil haben mag, so darf man doch mit Bestimmtheit behaupten, dass derartige Stickereien auf Kleidungsstücken der Bauern öfters vorgekommen sind, denn wir finden, wie wir oben sahen, solche auch schon bei Neidhart erwähnt. Denselben Aufwand wie bei der Kopfbedeckung finden wir in gleichem Masse bei den übrigen Kleidungsstücken. Während dem niederen Volk die gleichgültigen, in grau und braun gebrochenen unscheinbaren Farben zufallen, ahmte der Bauer wenigstens in seiner

Festkleidung sehr häufig die höheren Stände nach, er kleidete sich in lebhafte Farben und bevorzugte blau, rot und grün [1]); ja in manchen Fällen suchte er den Adel noch zu übertrumpfen, und verwandte zu seinem Anzug mehrerlei Stoff. So finden wir z. B. bei Neidhart einen Bauern erwähnt, dessen Gewand aus vierundzwanzigerlei Tuch zusammengesetzt war.[2]) Kam dann noch ein etwas unvorteilhafter Schnitt hinzu, so muss die Kleidung einen recht drolligen Eindruck gemacht haben. Das Gleiche kann man von einem anderen Gebrauche sagen, wodurch die Bauern den Eindruck ihres Aeusseren zu heben suchten: sie behingen nämlich ihre Kleidung mit seidenen Bändern und Schnüren und befestigten an deren Enden duftende „muscâtnegele". Auch andere Gewürze trugen sie in ihren manchmal reich gestickten Beuteln als Parfum mit sich und schmückten sich mit „pfâwenspiegel" und ähnlichen Firlefanz.[3]) Während ursprünglich nur der feine und edle Mann sich das Haar im Nacken und auf den Seiten frei wachsen liess, sodass es in schönem Gelock fast bis auf die Schultern herabfiel, begann der Bauer schon früh, auch dieses Kennzeichen höfischen Wesens nachzuäffen. So finden wir z. B., dass Helmbrecht ein Haar trug,
„daz was reide unde val
ob der absel hin ze tal
mit lenge ez volliclîchen gie."[4])

Die Heimat dieses Stutzers war dieselbe Gegend, deren Ueppigkeit Neidhart schildert, und daher finden wir auch bei ihm diese Mode öfters erwähnt Wo die

---
[1]) Neidhart 51,36. 36,4.
[2]) Neidhart 41,5.
[3]) Neidhart 208; ferner 74, 15, 16.
[4]) Meier Helmbrecht 10—13.

Natur den Schmuck herabwallender Locken versagt hatte, da musste die Kunst helfend eintreten, und so sehen wir schon bei den Neidhartschen Bauern eine Herstellung von welligem Haar auf diesem unnatürlichen Wege.[1]) Noch verbreiteter wurde diese Thorheit im vierzehnten und fünfzehnten Jahrhundert, wo stutzerhafte Bauern selbst Pomade und Brenneisen nicht schonten, um das lange Haar im zierlichsten Lockengebäude zu frisieren.[2])

Was nun die einzelnen Kleidungsstücke selbst anbelangt, so bekommen wir von der Reichhaltigkeit und luxuriösen Ausstattung derselben eine sehr gute Vorstellung, wenn wir uns wiederum eine Schilderung vor Augen führen, die Wernher der Gartenaere von dem „gebûren sun" Helmbrecht giebt. In geckenhaft höfischer Weise lässt sich derselbe, als er das Elternhaus ver-

---

[1]) Neidhart 86:
„habt ir niht geschouwet sîne gewunden locke lange
die dâ hangent verre vür daz kinne hin ze tal?
in der huben ligent si des nahtes mit getwange
und sint in der mâze sam die krâmesîden val
von den snüeren ist ez reit
innerthalp der hûben
volleclîche hände breit
so ez beginnet strûben."
Aehnlich heist es an einer anderen Stelle (XXIV):
„er hât gewunden krûse valwe locke
am ende widerstürzet:
daz machet im diu hûbe mit den snüeren."
[2]) Ring von Wittenweiler 140: (im 21 Bande der Bibliothek des Stuttgarter litterarischen Vereins.)
„und machten sey vil schön da her
mit salben von capponer smer
mit pürsten und auf machen
sam sitt ist ze den sachen."

lässt, ausrüsten. Er bekommt so feine Leinwand mit, „daz lützel iemen bezzer hât;" ferner einen Rock von ausgezeichnetem Wollstoff, der mit schneeweissem Pelz gefüttert war, und ausserdem „kettenwambis. swert und gnippen." Das Oberkleid, vom feinsten Tuch gearbeitet, war im Rückgrat vom Gürtel bis zum Nacken mit dicht an einander gereihten rot vergoldeten Knöpfen besetzt, während auf dem Brustteil des Anzuges eine gleiche Reihe silberner angebracht war. Am Halskragen war sein Rock durch drei Kristallknöpfe geschlossen und sonst ganz mit kleinen Knöpfchen aller Farben besät. Gelb, blau, grün, braun, rot, schwarz und weiss schillerten sie, wenn er zum Tanze ging, sodass er „von beiden, von wîben und von meiden vil minneclîche an gesehen" wurde. Die Naht, womit die Aermel an den Schultern befestigt waren, war mit einer ganzen Reihe von Schellen behangen,

„die hôrt man lûte hellen
swenne er an dem reien spranc,
den wîben ez durch diu ôren klanc."

Die oben schon beschriebene Haube, feine Beinkleider und Stiefel aus echtem Corduanleder vollendeten den Anzug dieses Stutzers.[1]

Dass diese Schilderung des Dichters in gewisser Hinsicht übertrieben ist, bedarf keiner weiteren Erläuterung; jedoch stimmte das Original thatsächlich in vielen Punkten mit der nach ihm geschaffenen Copie überein, denn auch andere Quellen zeichnen den Bauer mit denselben Strichen und Farben. So erwähnt z. B. auch Neidhart die engen Oberröcke, deren „ermel unde buosem mit sîden wol genât" sind, und die am Halsteil mit zwei Reihen hellglänzender Knöpfe besetzt und

[1] Meier Helmbrecht 130—223.

durch einen Sammetgürtel zusammengeschnallt werden. Hosen, die von sechszehn Ellen Tuch verfertigt sind und Aermel, die innen schwarz und aussen weiss verbrämt bis auf die Hand herabreichen, sind auch ihm nicht unbekannt. „Rôte, zinzerlîche hüete" und buntverzierte rotlederne Schnürschuhe,[1]) die spitz zulaufen und mit Seide fein bestickt sind, gehören zu den täglichen Erscheinungen.[2]) Zu alledem trägt man an der Seite lange, kupferrote Schwerter „mit einem schîbelohten knophe," in dem häufig noch ein kleiner Spiegel angebracht ist; „rädelohte sporen" erklingen an den Füssen; scharfe Messer, Stahlstangen und lange Spiesse erblitzen in den Händen, die von Handschuhen bedeckt sind, welche bis zum Ellenbogen hinaufgezogen werden. Ja sogar Brustpanzer, „die dâ gelpfe schinent," gepolsterte, mit Ketten versehene Halskrausen und eiserne „hiubelhüete" verschmäht man nicht, um sich ein möglichst ritterliches Ansehen zu geben.[3])

Auch die Bäuerinnen folgen in ihrer Weise dem Beispiel der Männer; auch sie erheben sich in vielen Fällen über ihren Stand hinaus und lassen sich durch den leichtesten Anstrich von Ritterlichkeit blenden. Die Bewerber aus dem eigenen Stande missachten sie und werfen sich dem wirklich oder vermeintlich Höfi-

---

[1]) brisschuoh im Gegensatz zum buntschuoh, der zu beiden Seiten sehr lange Riemen hatte, die man um Bein und Hose kreuzweis herumschnürte.

[2]) Neidhart, 68, 88, 60, 209, 81, 41, 74, 62, 211, 216. Wittenweiler, der Ring 175.

[3]) Neidhart, 36, 51, 52, 54, 55, 59, 75, 91, 92, 165, 200, 209, 220, 232, 234, 238, 239, XXV und XXXIV;
Vgl. ferner Wittenweiler „Ring", S. 5, 143, 175.

schen auf Gnade und Ungnade in die Arme.[1]) Auch in ihrem äusseren Auftreten suchen sie es den Männern gleich zu thun. Wie diese, so lassen auch sie, wenigstens an „vîretagen" und bei sonstigen festlichen Gelegenheiten, das Haar in schönen Locken frei herunterfallen[2]) und schmücken es öfters mit einer kostbaren Spange. Als Kopfbedeckung verwenden sie bei Festtagen in der Regel einen Kranz von Rosen oder anderen Blumen, den ihnen entweder der Liebhaber gesandt hat, oder der, wenn sie ihn selbst gewunden haben, von ihnen als Gunstbezeugung einem der Tänzer gegeben wird. War die Blumenzeit vorüber, so befestigte man als Kopfputz seidene Schleier im Haar oder setzte Häubchen und Hüte auf, die von seidenem Gebende umflattert waren.[3])

Ihre Röcke, von kostbarer Leinwand, ja in vielen Fällen sogar von Seide hergestellt, versahen sie mit

---

[1]) Vgl. Neidhart 27, 20—25:
„giezet mir den meier an die versen
jâ trûwe ich einem ritter wol gehersen,
zwiu sol ein gebûwer mir ze man?
    der enkan
mich nâch minem willen niht getriuten;"
Auch das im „Meier Helmbrecht" auftretende Bauernmädchen Gotelinde trägt ganz die Züge der Neidhartschen.

[2]) Gottfried von Neifen 38 „reide locke tragents."

[3]) Neidhart 89, 21, 18, 20, 48 und XVIII. vgl. ferner Burkart von Hohenfels 204, Schenk von Winterstetten 9 Hadlaub 22;
und Helmbrecht 1075:
„ein sîdin gebinde
daz gap er ˌGotelinde
und einen borten wol beslagen
den billîcher solte tragen
eines edelen mannes kint."

einer langen, sorgfältig gefälteten Schleppe (swanz, swenzelîn) und schnürten sie eng um die Hüften. Der Gürtel, welcher die verschiedensten Farben haben konnte, wurde nach höfischer Art ganz schmal getragen und öfters durch Perlen, Glas, Kupferplättchen etc. verziert. An demselben hing entweder an einer schönen, selbstgeflochtenen Schnur „ûz glanzen sîden", oder an einer breiten, mit reicher Goldstickerei durchwirkten Borte ein kleiner Handspiegel, der damals ein unentbehrliches Stück der Toilette feiner Damen bildete.[1]

Durch Reichtum übermütig geworden, dünkte sich also schon im dreizehnten Jahrhundert der Bauer in Oesterreich und Oberbayern den höheren Ständen gleich und ahmte, wie wir sahen, deren Sitten und Gebräuche nach. In den übrigen Gegenden Süddeutschlands war jedoch zu jener Zeit die allgemeine Lage der Landbevölkerung noch nicht eine derartige, dass man sich den Luxus eines höfischen Auftretens hätte gestatten können. Erst im folgenden Jahrhundert traten auch hier behagliche Verhältnisse ein, und die Folge davon war, dass, ebenso wie in Bayern und Oesterreich, mit dem gesteigerten Wohlbefinden sich die Ansprüche mehrten, die der Bauer an das Leben stellte. „Die pauer", sagt ein Fastnachtsspiel des fünfzehnten Jahrhunderts, „wollen nicht vertragen

> daz die ritter und ire kind
> anders denn sie gekleidet sind,
> die nemen gar ser ab
> an tugenden alle tag
> die pauerschaft hoch steiget
> und ritterschaft niderseiget."

---

[1] Neidhart, 16, 22, 26, 38, 71, 125, XXXVI und XLV.

„Früher", heisst es weiter, „trugen die Bauern graue Mäntel, graue Kappen und bösen Hut, einen hänfenen Kittel und eine leinene Joppe. Die Schuhe waren mit Bast gebunden, die Haare nach wendischen Sitten oberhalb der Ohren abgeschnitten; ebenso einfach waren Sattel und Zaum;

„nun aber sich die paurhoit
den rittern gelaich hat geklait
mit gewant und mit gepärten
nun mag es nimmer guot werden . . .
da gen sie mit klingen
schamper liedl sie singen" etc.[1])

Derartige Beispiele von grosser Ueppigkeit der Bauern liessen sich in den Fastnachtsspielen des fünfzehnten Jahrhunderts eine ungeheure Menge nachweisen, und fast alle beziehen sich gerade auf die Gegenden, wo man den Bundschuh auf die Stange erhob und zum Zeichen des Aufruhrs machte. Es war im gesegneten Thale des Rheins, im Breisgau und im Elsass, wo sich die ersten Vorboten des grossen Bauernkrieges zeigten. Dort sah auch Sebastian Brant mit eigenen Augen ihren Uebermut und ihr üppiges Leben, welches er im „Narrenschiff" geisselt. „Früher", sagt er, „war Gerechtigkeit bei den Bauern; da sie aus den Städten geflohen war, wollte sie einkehren in den Strohhütten. Nun aber stecken sich die Bauern in grosse Schulden, nehmen auf Borg und wollen nicht zahlen, obwohl Wein und Korn teuer sind;

„kein Einfalt ist me in der Welt
die Buren stecken ganz voll gelt

---

[1]) Kellers Fastnachtsspiele des fünfzehnten Jahrhunderts Nro. 53; im 28. Bande der Bibliothek des Stuttgarter, litterarischen Vereins 439.28.

> die Buren tragen siden Kleid
> und gulden Ketten an dem Leib."

Den groben Zwilch mögen sie nicht mehr, sondern es muss Tuch aus London oder Mecheln sein und zerschnitten nach der Mode:

> „mit aller Farb, wild über wild
> und auf dem Ärmel eines Narren Bild.
> das Stadtvolk jetzt vom bauren lehrt
> wie es in Bosheit werd gemehrt."[1]

Aehnlich beklagt sich auch der Strassburger Sittenprediger Geiler von Kaisersberg über die in jenen Gegenden herrschende Ueppigkeit und Verschwendung: „Vor XXX jaren", ruft er aus, „ee ich her kam zu Ammerschwyer da obnen im land ... das was im gantzen ort kein man, der ein kurtzen mantel hat usgenomen ein man, der was ein weibel; sie hetten alle lang röck an bis für die knig herab, wie die alten büren sind gangen. aber jetzt so gond sie zerhacket, und so kurtz und verbremt, als man in stetten niendt gat."[2]

In Oesterreich und in der Schweiz lagen die Verhältnisse im fünfzehnten Jahrhundert auch nicht besser. So sagt z. B. eine Chronik aus jener Zeit über die Kärnthener Bauern: „nieman gewinn gehabt dann die bauern. den erkhen man bei dem sie tragen nun besser kleider und trinken bessern wein dann ire herrn;"[3] ähnlich beschäftigt sich auch eine Weisung des zu den St. Gallenschen Stiftslanden gehörenden Hofes Gebhardswil mit der Prunksucht der Landleute. wenn sie vorschreibt: „item ain vogtherr mag och

---

[1] vgl. J. Falke, die deutsche Trachten- und Modenwelt I, 313.

[2] Emeis Bl. 21.

[3] Unrest, Oesterreichische Chronik zum Jahre 1478. 631—642.

lassen verbieten die langen schnäbel an den schuochen und óch das kurz gewand an 5 ᛋ ᛋ und sol der spitz nit lenger sin dann zwaier glaich lang und das häsz als verr, als ainer mit siner nidergelasznen hand geraichen mag."[1]

Zu welcher Höhe überhaupt damals in ganz Süddeutschland der Kleiderluxus gestiegen war, lässt sich am besten aus der Thatsache beurteilen, dass sogar die Reichsabschiede sich schon mit diesem Thema befassten; so hielt es z. B. der Reichstag zu Lindau 1497 für nötig, die Verordnung zu erlassen, „dass der gemaine Pawersmann und arbaitend Leut in Stetten oder auf dem Land kain Tuch anmachen oder tragen sollen, des die Ele über ainen halben gulden kostet; auch sollen sie kainerley Gold, Perlen, Samat, Seiden, noch gestückelt claider tragen, noch ihren Weibern noch Kindern zu tragen gestatten.[2]

Gerade diese Erscheinung des sich immer mehr steigernden Luxus muss man mit in die Betrachtung hereinziehen, wenn man die gewaltige Massenerhebung der Landbevölkerung im sechszehnten Jahrhundert von allen Seiten richtig würdigen will. Der Bauer Süddeutschlands war eben, wie wir sahen, im allgemeinen nicht der in dumpfer Knechtschaft hinbrütende Proletarier, der nur auf den günstigen Augenblick wartete, um auf Barricaden sich verlorene Menschenrechte wiederzuerobern; nein, im Gegenteil: er war eine durch Reichtum und Wohlleben übermütig gewordene Natur, die infolge der Ueppigkeit und Schwelgerei von der Gier nach immer grösserem Besitz erfasst wurde. Und diese Gier nach Mehr war es, welche

[1] Weistum von 1466; bei Grimm V, 156,64.
[2] Neue Sammlung der Reichsabschiede, 2, 31.

in Verbindung mit thatsächlich bestehenden rechtlichen Missverhältnissen einen Brennstoff aufhäufte, in den dann der reformatorische Gedanke als zündender Funke hineinschlug. Das Pulverfass flog in die Luft, und nachwirbelnder Schutt und Staub machten lange Zeit einen genaueren Einblick in die Ursachen dieses furchtbaren Brandes unmöglich. Die Revolution selbst teilte das Schicksal der Mehrzahl ihrer Schwestern; sie scheiterte und wurde auf diese Weise zu jener gewaltigen Bremse, die es verschuldet hat, dass die so schön begonnene Weiterentwickelung glücklicher ländlicher Verhältnisse im Sumpfe der Ueppigkeit und Habsucht stecken blieb.

Vorliegende Schrift bildet einen Teil der von mir eingereichten Abhandlung: „Über süddeutsches Bauernleben im Mittelalter unter besonderer Berücksichtigung gleichzeitiger litterarischer Quellen."

Druck von G. A. Brodmann in Erfurt

Lebenslauf.

Als ältester Sohn des Lehrers Albert Hagelstange und dessen Ehefrau Margarethe, geb. Schmerbauch, wurde ich am 5. September 1874 zu Erfurt geboren. Daselbst bezog ich Ostern 1881 die Domschule, welche ich jedoch bereits im folgenden Jahre verliess, um mich durch einen fünfjährigen Besuch der katholischen Rectoratschule für das Gymnasium vorzubereiten. Letzteres absolvierte ich am 4. März 1893 und wandte mich darauf nach Freiburg i. Br.; woselbst ich meine philologischen Studien begann unter Zugrundelegung der Vorlesungen der Professoren Kluge, Baist und Simson. Die beiden folgenden Semester verbrachte ich an der Universität Leipzig als Hörer Wundts, Sievers', Settegasts, Birch-Hirschfelds, Weigands, Felix', Volkelts, Büchers und Pückerts und setzte dann seit Michaelis 1894 mein Studium in Göttingen fort. Hier besuchte ich die Collegien der Herrn Prof. Heyne, Roethe, Stimming, Wagner und Lehmann und war Mitglied des deutschen, romanischen und historischen Seminars.